어둠은 둥글게 빛나고

어둠은 둥글게 빛나고

이하루 시집

시인의 말

반짝이는 눈빛에 한눈팔다
한눈파는 눈길을 못 보았네
흰 더듬이를 더듬는
검은 저 더듬이는 무엇인가!

호모사피엔스의 시는 장차
AI 사피엔스의 시대에도
여전히 시가 될 수 있을까?

2025년 6월
이하루

차례

시인의 말　　　　　　　　　　　5

1부

모래알의 꿈　　　　　　　　　　13
초침　　　　　　　　　　　　　14
어제를 세탁하고 싶었다　　　　　16
나를 데리고 나들이를 갔었다　　　18
테라스에서　　　　　　　　　　20
산수국　　　　　　　　　　　　21
낯빛이 급변할 때면 그곳에 가고 싶어　　22
구토　　　　　　　　　　　　　24
무엇인가!　　　　　　　　　　　26
마스크　　　　　　　　　　　　28
가슴 한편 일렁이는 이건 무얼까?　　30
이선균을 본 적은 없지만　　　　　32
포르르 날아오를 수 있을까?　　　34
강가에서　　　　　　　　　　　36
눈사람　　　　　　　　　　　　37

2부

지나간 섬　　　　　　　　　　　41
틈　　　　　　　　　　　　　　42
밑줄　　　　　　　　　　　　　43
사과　　　　　　　　　　　　　44
그런 손도 있지 않을까　　　　 45
쥐　　　　　　　　　　　　　　46
거품　　　　　　　　　　　　　47
한밤　　　　　　　　　　　　　48
어둠은 둥글게 빛나고　　　　　49
뛰는 가슴을　　　　　　　　　 50
어떤 말·1　　　　　　　　　　 52
어떤 말·2　　　　　　　　　　 53
어떤 말·3　　　　　　　　　　 54
너라는 말　　　　　　　　　　 55
재미없어　　　　　　　　　　　56
빈터　　　　　　　　　　　　　57
달리며 말들은 꿈꾸는가　　　　58
그 말들로부터 자유로워질 수 있을까　60

3부

고들빼기　　　　　　　　　　　65

목련꽃	66
계곡물	67
물안개	68
이 가을에	69
고요	70
언제 소주 한잔 해야지	71
고독	72
화장	73
수채화	74
블랙홀	75
시래기	76
쉬지 않고 강물은 달리네	77
생각의 나래	78
순간의 희망이라도 볼 수 없을까	79
신이 말이라면 믿을까?	80
어떤 무대	82

4부

꿈꾸는 여행자	87
랩	88
뭐꼬	90
신의 회바라기에서 오늘도 육해공으로	91
편의점에서	92

버림받은 것처럼	94
파도	95
달리기	96
라이트는 레프트의 라이트에 무너졌다	98
울면 안 된다고?	99
소설	100
뮤즈 사포	101
거짓말	102
헌옷	104
주머니로 돌아갈 수 있을까?	106
아야 소피아 성당	108
시리아 난민	110
별 볼 일	111

해설

말처럼 자유롭게 달리는 말	113
박덕규(시인·문학평론가)	

1부

모래알의 꿈

헤아릴 수 없는 모래알들이
한마음으로 꿈꾸는 모래사막에선
저 먼 곳에서 오는 바람을 붙잡지 마라
모래를 버리며 달려가는
모래바람이 모래를 버림으로써
모래알이 모래의 사막이 되는 꿈
그 꿈의 사막을 만나려면 바람을 놓아주어라
혹, 바람 잡을 생각일랑 꿈에도 하지 마라

초침

초침은 돌고 있었네
자신이 왜 돌고 있는지
생각할 겨를도 없이 돌았네
그런데, 주위를 돌아보면
자신만 도는 게 아니었네
시침도 돌고
분침도 돌고
거실 화분의 꽃들도 돌고 돌아 붉고
가족사진 속 얼굴들은 하나같이 빙글빙글
그렇게 하루가 돌아가고 있었네
시침이 한 바퀴를 도는 동안
초침은 도대체 얼마나 돌았던가
왜 이렇게 돌아야 하는가?
초침은 쉬고 싶었지만 그럴 때마다
초침아, 초 치지 말고 빨리 움직여
네가 돌아야 나도 돌 수 있잖아
분침의 어처구니없는 분통에도
시침은 시치미를 뚝 떼고
아, 이래서 돌아가는 걸까?

이렇게 돌아야 모두들 돌아가는가?
하지만, 정말 돌아버릴 것만 같아
정신 차려야지, 제발 정신 차려
정신을 차리면 돌지 않을 거야
초침은 자신을 다잡았지만
째깍 째깍 째깍 소리에
쫓기듯 돌아가고 있었네

어제를 세탁하고 싶었다

무슨 말을 했길래 어제는
얼룩투성이가 되었을까
무슨 생각을 했길래 아직도
어제의 냄새가 날까
할 수만 있다면 바로
어제를 세탁하고 싶있다
얼룩 한 점 없이
냄새 하나 없이 말끔하게 세탁해
햇볕이 쨍쨍한 날
옥상에 널어 말리고 싶은데
어쩌면 오후에 그날 오전을
세탁해야 할지도 모를 지경
문제는 그제, 그제의 전날에도
말의 얼룩과 생각의 냄새가
여전한 것인데 그 정도라면
내일도 달라지지 않으리라
그렇다면 내일이 오기 전에
내일을 미리 세탁해 버릴까
그런 세탁기는 언제쯤 나올까

만일 입이 얼룩지게 되면
얼룩이 말로 남기 전에
생각이 냄새가 난다면
냄새가 생각이 되기 전에
바로바로 세탁하고 싶었다
그렇게 할 수만 있다면

나를 데리고 나들이를 갔었다

참 오랜만의 나들이에 굳이 전철인가
처음 가 보는 곳이라 그랬을까
용산역에서 1호선 신창행으로 갈아탔지만
여전히 나는 투덜대고 있었다
나를 달래며 온양온천역에서 내렸는데
배고파, 라는 말에 못 들은 척
역에서 가까운 전통시장으로 갔다
순댓국밥 가게 앞에서, 먹을까?
한눈을 팔다 지나갔고
옛날통닭 가게 앞에서, 먹을까?
딴짓을 하다 지나갔는데
꽃가게 앞에서, 안 먹을 거야?
나의 짜증스러운 말에 순간
등심 먹고 싶니? 라고 되물었다
아차, 열받아 바로 되돌아간다고 하면 어쩌나
얼른 중국집으로 들어가 짜장면을 시켰는데
짜장면을 꾸역꾸역 먹고 있는 내가 못마땅한 듯
나는 눈살을 찌푸리며 말했다
이걸 먹으려고 여기까지 온 거야?

전철을 타고 돌아오는 내내 지루해서 미치겠어
그놈의 짜장 아니, 짜증 때문에 미칠 노릇이었는데
다행히 미치기 직전에 집으로 돌아왔지만
아무리 기다려도 나는 돌아오지 않았다
분명 나를 데리고 갔었는데
대체 나는 어디로 갔을까?

테라스에서

교외의 그 목조 저택
테라스에는 키 낮은 탁자와
딱 어울리는 간이의자 두 개가
설치미술 작품처럼 자리잡았고
그 외에는 아무것도 없지만
마치 미니멀리슴처럼 끌리고
바라보는 풍경마저 끌리니
낮에는 낮대로
밤이면 밤대로 좋으리
별빛이 반짝반짝일 때
어둠 속 달맞이꽃처럼
사무치게 그리워도 좋으리라
탁자와 의자와 나
나마저 풍경이 되었나, 어디선가
날 부르는 소리 바람처럼 스쳐가네

산수국

꽃인 듯 아닌 듯도 하지만
꽃보다 더 아리따운 자태여
작고도 푸른 진짜 꽃을 위해
저리도 아름답게 피는가
꽃가루도 난세포도 없지만
오로지 벌을 유인하려고 화려하게
진짜 꽃을 에워싸고 피는가
마침내 꽃 열매가 익어가면
낙엽처럼 갈색으로 변하는 꽃
어쩜, 꽃 빛깔이 저렇게 변할까
그것도 모자라 꽃줄기마저 뒤틀리지만
결코 꽃다운 자태를 잃지 않는 꽃
찾는 이 없는 산골짜기에
남몰래 피었다
소리 없이 지는 꽃이여!
진짜 꽃은 누굴 위해 피는가

낯빛이 급변할 때면 그곳에 가고 싶어

경의중앙선 홍대역은 여느 지하철역과 달리 바닥과 벽이 검은색 모노톤이다.

그래서인지 노랗게 들뜨거나 얼굴이 붉어지거나 하얗게 열 받을 때 문산행 전철을 타는 그곳 8-4 구역의 자리에 앉아 있으면 놀랍게도 도드라져 보이는 낯빛이 검은 모노톤에 필터처럼 걸러지며 마치 아무 일 없었다는 듯이 무심한 얼굴로 돌아오는데, 그 기분이 얼마나 근사하던지 낯빛이 급변할 때면 그곳에 가고 싶은 충동으로 낯빛이 변할 정도라고 하면 누가 믿을까.

아무튼 한숨을 돌리면, 어느 틈에 생각의 나래가 호랑나비처럼 날아가는데 한없이 검은 모노톤의 호랑나비라니. 힐끔힐끔 쳐다보는 누군가의 시선마저 어이없이 흐뭇하다. 가끔 꿈에도 그곳에 앉아 생각하는 사람을 생각한다.

어느 날 지하철을 타고 홍대역을 지나가고 있었는

데, 아! 8-4 구역 그곳에 앉아 있는 누군가 무심한 눈빛으로 나를 바라보고 있는 게 아닌가!

 눈은 마음의 창이라더니, 그로부터 나는 그 말을 믿기로 했다.

구토

말맛만 좋으면 영양가 있는 말이든 없는 말이든 상관없다는 말을 밥 먹듯이 하지 말이 밥이나 되는 것처럼

시답지 않은 시시한 소리가 미세먼지처럼 폐부에 박히고

궁핍한 생각에 빈곤한 사유가 풍요로운 말들을 안주 삼아 쓴 소주로 쓰린 속을 달래지만

쓰린 속을 달래려고 마시는 술이 쓰디쓴 술을 마시네

어둠이 있음으로 빛이 있나니, 좀비처럼 달려드는 어둠에 휩싸인 십자가는 그렇게 외치고 싶은 듯 번쩍번쩍 빛났고

십자가 맞은편 광고 문구인 너는 나에게 꽂이고 나는 너에게 꽂히네, 라는 분홍빛 네온사인이 도발적으로 반짝이네

술이 마신 술을 토하고

밥 먹듯이 하는 영양가 없는 시시하고 폐부에 박히는 빈곤한 사유가 풍요로운 말들을 토했네

어둠 속으로 토 토 토 이런 9토까지 하려나, 토사물에는 술처럼 밥처럼 먹은 말들이 컴컴한 거리에 구더기처럼 꿈틀거리고 있었네

한때 빛났던 말이여!

어찌하여 빛을 잃고 헤매는가

무엇인가!

뭘 먹거나 마시며
누군가와 대화를 나누거나
잠을 자면서도 기다리는
기다리며 기다리는
그건, 대체 뭘까?
가만 돌이켜 보면
누군가의 끝음절을 첫음절로 하는
낱말이 떠오르지 않는 끝말잇기처럼
막막한 무엇, 어떤
막다른, 아니
이 세상 너머
그 너머에도 누군가
어쩌면 수평선처럼
끝이 아닌 마지막
절망 같은 희망을
기다리고 있을까?
아마, 없다고 해도
이 세상에선
여전히 기다리는

무엇,
무엇인가!

마스크
―코로나 팬데믹 시절

누군가 줄곧 따라오고 있었어
슬쩍 뒤돌아보니 낯선 누군가
고개를 돌리며 마스크로 얼굴을 가렸지
에스컬레이트를 놔두고
지하철 계단을 뛰어내렸지만
마스크가 재빠르게 따라왔어
전동차에 탔는데 저만치
얼굴을 감춘 마스크가 보였어
마침 건너편으로 들어오는 전동차에
잽싸게 갈아탔지만
마스크도 재빠르게 갈아탔지
마스크를 노려보았어
그의 뒤통수도 따가울까?
신도시로 가는 전철로 환승했지만
여전히 얼굴을 감춘 마스크가 따라왔어
전철역에서 나와 냅다 뛰었지
어둠 속으로 달리고 달리다
가로등 아래에 털썩 주저앉아
휴우, 가쁜 숨을 몰아쉬는데

오, 나의 마스크여!
뒤통수를 때리는 소리에 돌아보았지
아, 마스크와 시선이 마주쳤어
언젠가 한 번 본 듯한
어디론가 떠나 버린 그 눈빛이
아닌가? 어느새 저만치 달아난
마스크를 눈빛이 쫓고 있었지
꿈결처럼

가슴 한편 일렁이는 이건 무얼까?

　돌아가신 이는 돌아오지 않으리라는 걸 알면서도 기다릴 때 가슴 한편 일렁이는 이건 무얼까?

　마치 한계점을 넘어 달리면 돌연 일어나는 희열 같은 것처럼

　눈보라가 치는 날 아이스 아메리카노를 마시며, 산 마르코 광장의 카페 플로리안에서 본 사람들의 들뜬 표정과 베네치아의 커피 향을 떠올릴 때처럼

　신의 세상 이전에 신은 어땠을까? 짚신과 가죽신 중에 신은 어떤 신을 좋아할까? 무슨 부조리극의 대사 같은 말장난을 할 때처럼

　따가운 눈총 같은 햇살에 고해성사를 하듯 마른기침을 하며 이슬 같은 눈물방울이 떨어질 때처럼

　시들한 시들에 시들한 낙엽처럼 거리를 헤맬 때처럼

깜깜해야 잠이 드는 여자가 겨우 잠들면 깜깜해서 잠 못 드는 남자가 안방 욕실 등을 켜고 문틈으로 들어오는 희미한 빛이 구세주라도 되는 양 안도할 때처럼

언제 깨어날지 모르는 여자 때문에 조마조마하기 짝이 없던 그때

그럴 때면 가슴 한편 일렁이는 이건 대체 무얼까?

이선균을 본 적은 없지만

주말 오후 경의중앙선 홍대역에서
문산행 전철을 탔는데 눈길을 사로잡은
저 선한 눈망울, 어쩜 이선균이 아닌가?
이 세상을 떠난 이가 마치 부활한 것 같아!
은근, 슬몃 그의 곁으로 다가갔다
그는 왼손으로 전동차 손잡이를 잡고
오른손으로 시집을 들고 읽고 있었다
흘낏 훔쳐보니 '봄이고 첨이고 덤입니다'라는
정끝별의 시집이었고
그는 그 시집에 빠져 있었다
이선균은 봄이 오기 전에 떠나지 않았던가
그는 시를 쓰는 사람일까
시를 가르치는 사람일까
그냥 시를 사랑하는 사람일까
가끔 차창을 응시하기도 하던 그는
백마역에서 서둘러 내렸는데
질문하는 아이처럼 오른손을 들더니
슬며시 그의 뒷머리를 긁적거렸다
내려야 할 곳을 지나친 것일까?

아직 내릴 역이 아닌데도
나는 그를 따라 내렸다
실제로 이선균을 본 적은 없지만
영화 '끝까지 간다'에서 끝까지
열연하던 그의 모습이 생생한데
아무에게나 제멋대로 돌을 던지는 세상에
어찌하여 제 발로 단두대에 섰다는 말인가
그가 보이지 않을 때까지 손을 흔들며
나는 오래오래 하늘을 올려보았다
저 하늘 어느 곳에서 그는 반짝이고 있을까

포르르 날아오를 수 있을까?

하루는 어디로 갔을까
어제의 하루 그제 그끄제 하루
꼭두새벽에 앞가슴 꼭꼭 여미고
술래처럼 하루를 찾아 나섰네
하루의 그림자라도 보고 싶어
사라진 별, 그 별빛이 그리워
그리움으로 성찰하리라 다짐하네
무엇으로도 위로받지 못한 하루
어떤 위로는 슬픔이 되기도 하지만
그 슬픔을 즐긴다고 하면 틀린 말일까?
즐거움에도 가슴 한편에는
슬픔이 물안개처럼 피어오르니
하루 하루하루를 견디고
버티면서 하루를 찾고 싶은데
빗방울이 뚝뚝 무뚝뚝하게
뚝뚝 떨어지는 무언가
마음 둘 곳 없는 하루가 꽃잎처럼 떨어지고
얼마나 가벼워져야 새들처럼 조잘대며

포르르 날아오를 수 있을까

있을까?

강가에서

저 강물은 알리라
그 어디에도 털어놓지 못한 채
가슴에 맺힌 한, 한 많은 소리
기어이 강물에 뛰어들었네
그럼에도 강물은 아무 말 없이
그 속마음 감싸 안으며 흐르고
흘러 어디쯤 가고 있을까
강물과 함께 흘러간 한 많은 소리들
언젠가 드넓은 바다에 다다르면
참, 얼마나 막막할까
한없이 넓은 그 어디에 속마음을
털어놓을 수 있을까 싶은데
혹시 또 모르겠네
바닷물을 따라 흐르다 파도에 휩쓸려
처얼썩, 어느 해변의 바위를 때리며
들끓는 속마음을 달래고 있을지

눈사람

눈발이 그친 눈길을
바라보던 눈길이 멈춘 곳
그 사람이 있었네 눈사람처럼

눈사람은 좋겠네 눈으로
내리면 사람이 되니까

하지만, 기억하렴
너의 등 뒤에는 내가 아닌
너를 지켜보는 누가 있다는 걸

2부

지나간 섬

섬과 섬 사이
졸고 있는 섬
졸고 있는 사이
외로운 섬
외로워하는 사이
무심한 섬
무심한 척하는 사이
지나가는 섬
지나가는 사이
지나간 섬들이
그립다 모두 다
그리운 섬이구나
지나가고 나면

틈

잊을 수 없는 날
잊을 수 없는 날들 틈에
잊혀지고 있었네

그 어느 틈에

잊혀지고 있었네
잊을 수 없는 날들 틈에
잊을 수 없는 날

버릴 수 없는 말
버릴 수 없는 말들 틈에
버려지고 있었네

그 어느 틈에

버려지고 있었네
버릴 수 없는 말들 틈에
버릴 수 없는 말

밑줄

내 마음을 보여주고 싶어
제 마음에 밑줄을 긋습니다

어떻게 보여줄 수 있을까
제 마음에 밑줄을 긋습니다

애써 속마음을 열어 보았는데
제 맘대로들 내 마음을 보네요

먹먹한 마음에 밑줄을 긋고
먹먹해서 또 밑줄을 긋습니다

수많은 밑줄에 지워진 마음이지만
제 맘에 지워진 마음들 주워 담아요

이제 내 마음이 좀 보이려나
지워진 마음에 밑줄 긋습니다

사과

사과를 씹을 때면 가끔
사과를 해야 하나
해야 할까, 라는 생각에
사로잡히는데 대체 뭘까
앞뒤 맥락도 없이 무슨 사과를
씹고 또 되씹었는데
줄곧 씹고 있는 사과에
사과를 해야 하나 싶기도
사과하며 사과를 주면
그 사과를 받아줄까?

그런 손도 있지 않을까

손을 내밀었는데
너는 발을 내밀었지
그것도 오리발을
잠깐의 망설임 끝에
네 발을 잡을 수도 있어, 라고 했더니
너는 냅다 허공에 발길질을 했지
손발을 맞추는 것도 좋지만
발이 손을 잡지 못하니
발을 잡는 그런 손도 있지 않을까
손이 손만 잡으라는 법은 없잖아

쥐

봄빛이 나풀대는 오솔길을 걸었네
자꾸만 근질근질한 뒤통수
뒤돌아보니 웬 고양이가 마치
무궁화 꽃이 피었습니다, 라고 외친 말이
채 끝나기도 전에 멈춰 선 아이처럼
앞발을 살짝 들어 올린 채
그대로 꼼짝달싹도 하지 않고
앙큼한 눈초리로 나를 바라보았네
저 녀석이 어떻게 알았을까?
언제부터인지 모르게 불편한
내 종아리에 쥐가 오른 사실을

거품

거품은 하얗다
노오란 맥주의 거품도 하얗고
연둣빛 비누의 거품도 하얗고
파아란 바다의 거품도 하얗고
무너진 마음의 거품도 하얗다
그렇게 하얗게
맥주는 하얗게 넘치며
비누는 하얗게 일어나며
바다는 하얗게 부서지며
부서질수록 하얗게
눈물처럼 흘러내리네
무너진 마음처럼

한밤

긴 긴 한밤

견디다 못해

툭,

떨어지는 밤

한밤

잠꼬대처럼

툭툭거리는

밤

어둠은 둥글게 빛나고

빛은 어둠을 감추고
어둠은 빛을 숨기고

빛은 어둠에 잠들고
어둠은 빛으로 깨어나

어둠은 빛에 잠들고
빛은 어둠으로 깨어나

빛은 어둠에 스미어
어둠은 빛으로 밀려나

어둠은 빛에 스미어
빛은 어둠으로 밀려나

어둠은 둥글게 빛나고
빛은 둥글게 어둠하네

뛰는 가슴을

들리는 말에
그대가 온다는 말을 듣고
가슴이 뛰었어요
시간이 다가올수록
작은 새 가슴처럼 뛰는
가슴 터져버리기 전에 그대 오려나

그런데, 언제였던가
들리는 말에 그대가
오지 않을 거라는 말을 듣고
가슴은 뛰고 뛰다 못해
채 말릴 겨를도 없이
그만 뛰쳐나가고 말았어요

그대가 온다는 말을 들으면
뛰는 가슴이 돌아올까?
하지만, 온다는 말은 들리지 않고
언제까지 기다려야 하는지
이대로 잃어버리는 게 아닐까

그러면서도 여전히 기다려요

뛰는 가슴을

어떤 말 · 1

어떤 말을 찾아
종일 헤매고 다녔다
어떤 말이 어떤 것인지도 모른 채
헤매고 다니다
왜 헤매고 다닐까
나에게 물었지만
나는 모르겠다고 말했다
지쳐서 집으로 돌아왔는데
텅 빈 방 한구석에
어떤 말이 쓰러져 있었지만
어떤 말도 할 수가 없었다

어떤 말 · 2

날이 저물고 눈발이 거세다
머릿속 가장 으슥한 구석으로
은밀히 어떤 말을 유인한다
그리고 갈고 갈아
시퍼렇게 날 선 말이
어떤 말의 급소를 찔렀다
어떤 말이 말없이 스러지며
눈보라 속으로 사라진다
사라진 어떤 말!
어떤 말이었을까?

어떤 말 · 3

마음이 생각을 버린다면
생각이 마음을 떠날까
한동안, 그 마음을 생각했어요

생각하는 마음이 오래되면
그 마음은 애가 타지 않을까
한동안, 그 생각에 속이 탔어요

어쩌면 그렇게 살고 싶었을까
어떤 말을 잊고 지내면서도
한동안, 그 말처럼 살았어요

그 말은 잘 지내고 있는지
무심하게 돌아앉은 어떤 말
한동안, 궁금하기도 했어요.

너라는 말

너라는 말
노크도 없이, 쓰윽
내 마음의 문을 열었네

너라는 말
생각도 없이, 불쑥
내 마음으로 들어왔네

너라는 말
언제부터인가
네 말이 내 말이라 하네

재미없어

말끝마다 재미없네, 재미없어! 라는 말을 시니컬하게 내뱉는 녀석이 아니꼬워서 그의 말을 돌리고 굴리고 씹다 보면 그 재미에 빠져 그만 그 말을 타고 재미있게 달리기도 하는데 어느 순간 나무에서 떨어진 원숭이처럼 떨어져 상처를 입기도 하며 문득 이게 아닌데 싶은 때가 있으니 그러다 보면 대체로 있던 재미도 시들해지며 차츰 재미없는 말을 하게 되고 재미없는 말에 재미없어 하다가 오, 어쩌면 좋아 말의 재미와 함께 그 의미마저 떠나 버렸으니 그럼에도 어떤 의미로는 무의미에도 의미가 있지 않을까 싶어 재미 삼아 무의미에 의미를 요리조리 포장해 보지만 의미는커녕 무의미만 무성해진 탓인지 그렇게 아니꼬워하던 녀석의 재미없네, 재미없어! 라는 말을 자신도 모르게 내뱉고 있었는데 어느 날 녀석이 말했지 그 따위로 입을 놀리면 앞으로 정말 재미없어!

빈터

빈터로 돌아온 빈털터리
빈말은 곧잘 하네

나는 비록 빈털터리지만
털도 버리고 리도 버렸어
그리하여 빈터가 되었지

빈 수레 소리처럼 들리지만
빈틈이 별로 보이지 않았어

그 누구도 찾지 않는 빈터라면
빈 수레 소리마저 그립지 않을까

달리며 말들은 꿈꾸는가

말의 탑을 끊임없이 쌓아올리지만
정작 꿈길에 탑돌이를 거부하며
달리네 달리며 말들은 꿈꾸는가

나는 쫓기고 있었네
꿈에 쫓기고 있었네

쫓아오는 꿈으로부터 벗어나려고
달리네 꿈길 바깥으로 달아났네

잠깐 꿈에서 깬 듯 하지만
여전히 말들이 꿈길을 달리네

꿈이 같은 이들의 말이면 사실 여부는 사실 중요하지 않다며
서로 맞장구치는 이들에게 맞장구치지 못한 채
달리네 꿈꾸듯 말들이 달리네

나는 쫓고 있었네

꿈을 쫓고 있었네

쫓아오는 나로부터 벗어나려고
달리네 꿈속으로 달아났네

아 다르고 어 다른 말들이 서로 외면하고
외면 받기 싫어 꾸는 꿈이 꿈을 외면한 채
말꼬리를 물고 달리며 말들은 꿈꾸는가

나는 꿈에도 쫓기고 있었네
말들에 쫓기고 있었네

꿈길은 뫼비우스의 띠 같았고
꿈에도 말들이 생생 달리네

그 말들로부터 자유로워질 수 있을까

나의 말이여!
말처럼 자유롭게
말처럼 달려가 보아라

저 넓은 들판에 쏟아지는 폭우를 뚫고
깊은 강의 급물살을 가르며
삼나무가 우거진 숲을 벗어나면
만년설이 영혼처럼 빛날지라도
빛나는 말들은 버리고 달려라

들리지 않을 때까지 달리며
들리는 것 버리면
들리는 것으로부터 벗어나

보이지 않을 때까지 달리며
보이는 것 버리면
보이는 것으로부터 벗어나

벗어날 때까지 달리며

벗어난 것 버리면
비로소 자유로워지리라

그럼에도, 나의 말이여!
나는 그 말들로부터
얼마나 자유로워질 수 있을까

3부

고들빼기

고들빼기의 쓴맛은 어디서 나올까

고들빼기 씨를 뿌려 본 이들은 안다
씨를 뿌리고 흙을 넉넉히 덮어 주면
싹이 잘 나오지 않는다는 사실을

그저 바람에 씨가 날아가지 않을 만큼
손바닥으로 살짝살짝 누르는 듯 마는 듯
그렇게 다독여 주기만 하면 된다는 사실을

덮어 주는 흙을 굳이 마다하는 고들빼기여
오로지 제힘으로 뿌리를 내리기 위해
애간장 태우느라 쓴맛이 끓어오르는가

햇볕과 별빛, 세찬 비바람에 무엇보다
끝 모를 외로움에 사무치는 쓴맛인가
그 속내를 어찌 다 가늠할 수 있을까

목련꽃

봄이 오는 내내 몰랐네
목련이 흔들리고 있다는 것을
목련꽃 떨어지던 깊은 밤
어둠 속으로 떠난 이가 하얗게 떠오르네
불현듯 흔들리는 마음
하얀 그리움 때문인가
잎보다 먼저 꽃이 핀 까닭은

계곡물

무지 더운 날 산을 오르다
만난 계곡물은 오아시스야
단박에 쪼르르 달려가
두 손바닥을 간절하게 모으고
맑은 물을 한 모금 마시려는데
마침 더위를 피해 계곡물에
뛰어든 구름 한 점이 알은체하네
사막 한가운데에서 무심코
마주친 낙타의 의뭉한 눈빛처럼
그래, 구름은 하늘의 표정이었지
낙타의 눈빛이 사막의 표정이듯

물안개

해 뜨기 전 강기슭에 이파리가 무성한 나무 한 그루 흐릿한데, 먹물 같은 어둠이 얼마나 깊은지 아니면 얼마나 엷은지 그 내밀한 농도에 따라 강물과 나무와 이파리가 저마다 자신을 드러내는 풍경은 그대로 한 폭의 수묵화가 되었다.

그런데, 어느 순간 강물에서 희뿌연 물안개가 피어올라 스멀스멀 나무줄기를 타고 오르더니 슬며시 이파리로 스며들었다. 마치 강물의 정령인 것처럼.

바로 그때였다. 파르르, 이파리가 떨리며 화폭이 흔들린 순간은.

이 가을에

힘차게 그네를 타고 오르니
호수에 빠진 하늘
가을빛이 온몸으로 얼싸안네

솜털 같은 가을볕이여!
제발, 날 이대로 내버려다오
네 숨결 같은 저 가을빛으로 물들게

저 호수에 빠진 하늘처럼
가을 속으로 빠지고 싶어
이 가을이 제아무리 깊어지더라도

그랬는데, 그날 밤 집에선 이렇게 썼다

늦여름에 가출한 파아란 기억들
붉은 단풍잎 사이 반짝, 사이
반짝이며 가을을 타고 있었네

고요

모두 어디로 숨었나
어쩜 이토록 고요한가
하지만 또렷한 너무나
또렷한 고요의 숨결!
귓속으로
머릿속으로
고요히 흐르네, 문득
가슴속 저 깊은 곳에서
환하디 환하게
봄볕의 촉수처럼
일렁이는 고요!
그 고요한 아우성에
절로 가슴이 벌렁벌렁

언제 소주 한잔 해야지

너를 볼 때마다
언제 소주 한잔 해야지
라고 말하지만 소주는커녕
커피 한잔 하지 못했네

너를 보면 언제나처럼
언제 소주 한잔 해야지, 라고 하지만
너는 고개만 까딱하고 무표정이네

그러던 어느 날
소주 한잔 해야지, 라고 했더니
나 소주 끊었는데 몰랐니?
라고 너는 말했네

언젠가 너와 소주 한잔 하고 싶었는데
그 바람은 그렇게 끝나고 말았네

고독

고독을 먹고 자란 때문일까
진주는 어쩜 저렇게 빛나는가
그 얼마나 빛나는 단단함인가!
나의 고독도 진주처럼 여물면
저렇게 단단한 기쁨이 될까
그 얼마나 빛나는 슬픔이 될까

화장

너를 화장하는 동안
머릿속이 하얗게 화장되고 있었어
꿈결처럼 눈길이 오가고
밤새워 마신 술 내음에
물안개처럼 피어오르던 속내여!
먼 기억 속 풍경들이
하나둘 화장되고 있었지만
아무런 말도 할 수 없었어
너에게 꼭 전하고 싶은
마음속의 말조차 끝내 화장되고
아, 푸른 하늘마저 화장되는
그런 순간이 있더라

수채화

유난히 불뚝 도드라져 꿈틀거리는 듯한 핏줄처럼, 붓질이 거칠게 휘몰아치는 질감의 유화처럼, 금방 발화發火할 것 같은 눈빛으로 살아온 탓일까.

이제 가이없는 명상에 잠긴 듯한 봄날의 빛깔처럼, 그 빛이 기도하듯 가슴으로 스며드는 듯한 그런 수채화 같은 삶을 꿈꾼다.

언제까지 불처럼 타오를 수만은 없지 않는가. 차츰 물처럼 흐르다 스며들 만한 곳을 찾아 스며들어야 하지 않겠는가.

블랙홀

그리움이 블랙홀처럼
커져 가는 영혼의 중력으로
너를 끌어당기려 하지만
네 영혼의 질량은 태양보다도
수천만 배는 더 큰 것 같아
오히려 나를 빨아들일 것만 같아
그 영혼의 경계선을 넘으면
다시는 빠져나올 수 없을 것 같아
하지만 예전의 너를 볼 수 있다면
아, 그 얼마나 극적인 순간일까!

시래기

저녁에 시래기 된장국을 먹을 때면
오늘 하루 삶은 삶은 시래기 맛이야
그런 생각을 할 때가 있다

천재지변이 없는 한 내일 삶도
이미 시래기처럼 싫아지리라
그런 생각을 꿈에도 했다

강원도 양구의 펀치볼에 가 본 적이 있는가
전쟁으로 수많은 이들이 피를 뿌린 곳이지만
열목어, 개느삼, 금강초롱, 흰비로용담
날개하늘나리, 해오라비난초, 끈끈이주걱 등등등
여전히 귀한 생명들 삶의 터전이다

그곳의 햇살과 바람과 정성으로 말린 시래기라니
잘 삶은 시래기 맛은 잘 사는 삶 못지않다
먹어 보지 않은 이는 모르리라

쉬지 않고 강물은 달리네

보라, 별빛처럼 졸음이 쏟아지는 봄밤에
강물은 남몰래 달빛을 감싸안고 흐르네

보라, 온통 땀으로 범벅인 여름 한낮에도
강물은 찜통 같은 불볕을 온몸으로 안고 흐르네

보라, 불타오르는 단풍에 취한 가을날이면
강물은 울긋불긋한 추억을 얼싸안고 흐르네

보라, 꽁꽁 얼어붙은 것 같은 한겨울에도
강물은 살을 에는 추위마저 끌어안고 흐르네

달빛과 불볕도 추억과 추위마저 그렇게도
바다가 그리웠을까, 쉬지 않고 강물은 달리네

생각의 나래

생각의 나래를 펴고 날아오르지만
매번 보이지 않는 그물망에 걸려
더 이상 날아오르질 못하고
그렇다고 날개를 접지도 못한 채
빙빙, 제자리만 어지럽게 맴돌 뿐
생각의 바깥은 어디인가
안과 바깥이 따로 있기나 할까?
자꾸만 생각 안에 갇힌 듯한
느낌이랄까, 그런 생각은 뭐지?
왜 갇힌 생각은 밖으로 나가질 못할까
생각이 얼마나 넓은지
생각은 얼마나 깊은지
거기까지 생각이 미치질 못하니
생각이 도달한 곳까지만 생각할 수밖에
문득, 그런 건 생각이 아니란 생각이
생생하니 생각의 나래가 파닥파닥거리네

순간의 희망이라도 볼 수 없을까

그 동상을 지나칠 때마다 희망하곤 했다. 언젠가 한번 저 동상을 가까이서 보리라. 언젠가는 저 동상을 자세히 보리라. 그 희망 때문일까. 동상을 지나칠 때면 매번 동상 어딘가에 잠들어 있다 문득 깨어난 것 같은 희망이 보이기도 했지만, 동상을 지나치고 나면 금방 잊어버렸다. 그런데, 언제부터인가 그 동상을 지나칠 때도 희망이 보이지 않았다. 동상의 그 어느 구석에도 희망이라고는 보이지 않았다. 그 이후로 동상의 두 눈을 바라보게 되었다. 희망은 잠들었나? 언제 다시 깨어날까? 혹시 나의 희망은 희망 고문이 아닐까? 이래저래 생각이 많아졌지만 정작 동상은 생각 밖으로 점점 밀려났고, 그렇게 밀려나면서 희망도 밀려났을까. 나도 희망으로부터 밀려나고 있는 게 아닌가. 마치 처음인 것처럼 그 동상을 볼 수는 없을까? 희망을 본 듯한 순간의 희망이라도 더 이상 볼 수 없을까

신이 말이라면 믿을까?

꿈결에 보았던가 신을
기다려야 할까요 언제까지?
잠결에 그냥 흘린 말인가
어쩌면 의도적인 말이 아닐까
나의 말을 기다렸니?
신이 말했던가 나에게
딱히 그런 건 아닌데요
그럼 뭐, 신의 발끝이라도?
나는 아무 말도 하지 못했다

그런데 말이야, 신이 말이라면
믿을까? 신을
당신은 믿어요? 그 말을
신의 말에 나는 되물었을 뿐인데
신은 어찌 그리도 신이 났을까
너도 결국 말이 아니더냐
너라는 말을 너는 믿지 않느냐?
만일, 너가 말이 아니라면
무엇을 너라고 믿고 있느냐?

신이 하는 말 믿어도 괜찮을까?
그런데,
신을 벗은 신의 맨발을 보았다
아, 어쩌면 나의 맨발과 저리도 닮았을까

어떤 무대

 무대 중앙에 잿빛 꽃나무(다소 추상적인) 한 그루 외에는 배우나 그 어떤 장치도 없으며 배경막에는 파란 하늘과 흰 구름. 조명기도 머리막 뒤쪽과 다리막과 다리막 사이에 설치돼 있어서인지 공허해 보이는 무대. 고요한 무대에 뽁뽁이를 터뜨리는 것 같은 소리(식물이 스트레스를 받으면 내는 소리라고 한다)가 반복적으로 들린다. 뽁뽁이 소리가 시나브로 커지며 꽃나무 줄기가 비틀린다. 배경막이 어두워지며 천둥과 번개가 내리친다. 스포트라이트의 강렬한 조명이 연기가 피어오르는 꽃나무(벼락을 맞은 듯)를 비추고 무대에 비(빗방울은 플라스틱 조각)가 내린다. 꽃나무에서 꽃이 피어나 점점 커지는데 플라스틱 꽃이다. 꽃은 팽팽하게 부풀어 오른 열기구처럼 무대를 채운다. 별안간 열기구가 터지는 듯한 강력한 소리에 관객들이 귀를 틀어막는다. 뒤이어 꽃은 산산조각이 나고, 그 조각들이 마치 방사능 낙진처럼 객석으로 떨어져 내린다. 질겁을 한 관객들이 다투어 극장 밖으로 뛰쳐나갔는데, 객석 의자에서 한 사람이 일어나 무대 위로 올라가더니 나직한 음성으로 대사를 읊조린다. "플라스틱, 살 것인가 말 것인가, 이것이 문제로다." 비로소 연극이 시작되었지만 객석은 텅 비어 있었다.

4부

꿈꾸는 여행자

꿈꾸는 시간들
꿈 같은 시간의 리듬에
제멋대로 휙 휙 휘파람 불며
위로 받는 영혼이여!
영혼은 리듬을 타고
분수처럼 솟아오르네
그 기쁨의 소리들
메아리 되어 울려 퍼지고
울림의 길 따라
길에서 꾸는 아지랑이 같은 꿈
꿈에도 꿈꾸며
가슴속 저 깊은 곳에 닿아
마침내 화석처럼 남으리
그대, 꿈꾸는 여행자여!

랩

꼰대꼰대꼰대라고 불러도 좋아
듣고 싶으면 듣고 싫으면 말아도 좋아
한쪽 귀로 듣고 한쪽 귀로 흘려도 좋아
이해할 수 있으면 하고 할 수 없으면 하지
말아도 좋아 하는 척하는 건 싫어
싫고 밀고 그러시 말았으면 좋겠어
그래도 말이야 잘 먹고 잘 살아
그렇고 말고 그런데 뭔가 찜찜해 뭔가
뭔가 속상해 그게 뭘까 그걸 모르겠어
니네들 말로 졸라 팔려 쪽팔려
팔려서 이런 랩을 하는지도 몰라
몰라 입은 지퍼로 꼭꼭 걸어 잠그고
지갑은 활짝 열라고 하지만 말이야
지퍼로 잠근다고 꼰대가 어디로 갈까
어디로 라떼는 말이야 그래도 당당
당당했어 니네처럼 당당해 진짜
뭐가 그리 당당하냐고 꼰대는 진짜니까
진짜를 조심해 진짜 진짜는 진짜가 아니야
진짜 꼰대라고 불러도 좋아 싫은데 좋아

죽을 정도는 아니고 그냥 좋은 걸 어떡해
어떡하긴 좋으면 그냥 좋아해
그래도 될까 되고말고 좋으면 그냥 좋아해
(좋으면 그냥 좋아해를 후렴처럼 반복해도 좋아)

뭐꼬

용돈 봉투를 드릴 때마다
매번 어머니는 뭐꼬? 라고 하신다
사십여 년 참 한결같은 말인데
용돈인지 모르고 묻는 게 아니라
고마움을 그저 그렇게 표현하신다
자식들보다 기억력이 좋은 어머니지만
구십 중반에 들면서 예전 같지 않은데
지난 어버이날 그렇게 맛나게 드신 오리집에서
여기 고기 맛있니? 라며 처음인 것처럼 묻는다
매달 통장으로 보내 드리는 돈에 대해선
그래도 뭐꼬? 라고 하지 않는데 언젠가
전화를 드리니 대뜸 홍삼은 뭐꼬? 라고 하신다
아 그거요 어머니 면역력 좋아지시라고요, 했더니
나는 좋다 술 많이 먹는 너나 먹지 뭐 할라꼬 부쳤
노, 하신다
건강식품을 보내 드릴 때마다 듣는 말인데
언제까지 뭐꼬, 라는 말을 들을 수 있을까
잠을 설치는 날이면 새삼 떠오르는 생각이다

신의 회바라기에서 오늘도 육해공으로

   중산마을 먹자골목의 '신의 회바라기'
   감칠맛이 남다른 횟집인데
   모르기는 해도 이 정도라면
   몰라서 못 가본 사람은 있어도
   한 번만 가본 사람은 없으리라
   어느 날인가 횟집 간판이 '오늘도 육해공'으로 바뀌었는데
   후쿠시마 오염수가 방류되면 아무래도
   횟집을 찾는 손님이 줄어들지 않을까
   그래서 육과 공을 추가하지 않았을까 싶은데
   정작 주인에게 물어보지는 않았다
   그 후로 동해안 장치매운탕, 곱도리탕, 등갈비 새우찜 등
   낯선 메뉴들이 새로 선을 보였는데
   변함없는 그 감칠맛과 맛깔스러움에
   나는 오늘도 육해공으로 갈 수밖에
   일편단심 해바라기, 회바라기를 흥얼거리며

편의점에서

점심 약속이 취소된 점심시간
세찬 바람 탓인가
편의점의 컵라면은 어떨까
새우탕 1,400원, 아아(아이스 아메리카노) 1,700원
코로나 이후 턱없이 오른 물가에
이 얼마나 착한 가격인가!
채 3분을 못 기다리고
코를 훌쩍이며 새우탕 국물을 후루룩
새우깡을 우려내면 이런 맛일까?
잠시 외출했던 정신이 돌아오고
홀로 컵라면이라 좀 궁상맞은가, 그런데
컵라면 하나 만드는데 탄소 배출량은 얼마나 될까?
설마 된장찌개나 순댓국밥보다는 적겠지
점심 약속한 친구와 먹었다면
탄소 배출량이 훨씬 많았을 거야
분명 반주로 소맥까지 했을 테니까
그럼, 점심 취소는 잘된 일인가?
별 쓸모없는 생각을 슬쩍
쓸모 있는 것처럼 비트는 교활함에

그만, 아아 한 모금 마시면
더하지도 덜하지도 않게 적당한
아, 이 적당한 느낌 얼마 만인가!

버림받은 것처럼

한겨울 이른 아침. 철딱서니 없는 것들에게 버림받은 게 분명한 플라스틱 컵과 빨대, 과자 봉지와 같은 폐비닐, 소주병에 정체불명의 온갖 것들이 부랑아처럼 대놓고 그래, 나 철딱서니 없어. 그래서 뭐, 어쩔래! 라며 소리 지를 것 같은 불량스러운 모습으로 거리를 마구 휩쓸고 다녔다.

그럼에도 청소하는 아줌마는 누굴 탓하거나 하는 기색도 없이 그 온갖 것들을 정성껏 쓸어 담고 있었다. 그런데, 지나가던 차량이 빠앙 예고도 없이 경적을 울리며 고막을 때리는 바람에 그만 아줌마는 애써 쓸어 담은 온갖 것들을 놓쳤고, 그 틈에 그것들은 이곳을 벗어나기라도 하려는 듯 세찬 바람 속으로 잽싸게 달아났다. 버림받은 것들은 대체 어디로 가고 싶은 것일까.

아, 한숨 같은 아줌마의 허연 입김이 버림받은 것처럼 차가운 대기 속으로 흩어졌다.

파도

한여름 밤
바닷가에 누웠는데, 철썩
파도가 귀청을 때리네
일어나 일어나라구, 처얼썩
가슴 아프게 자꾸만 때리네
어서 일어나 가자구!
그 울부짖음에 놀랐을까
별빛이 하나같이 반짝이며
금방 눈물처럼 쏟아질 것 같아
차마 일어날 수가 없었네

쏴아아아ㄴㅕㅇ
바다로 돌아가던 파도가
멍든 가슴을 데리고 갔네
밤새 기다렸지만
떠난 마음은 돌아오지 않았네

텅 빈 가슴 한구석에서
훌쩍거리는 이는 누구인가!

달리기

몇 번이었던가
숨이 넘어갈 뻔한 게
멈춰! 그만!
혼이 빠져 부르짖음에도
이대로 멈추는 순간
그대로 숨이 멈출 것 같아
귓가에 꿀벌이 윙윙거리고
손발이 로봇처럼 움직인다
고통의 절정이지만 그럼에도
쓰러지지 않으려고 달리고
달리면 흘린 땀방울만큼
여기저기 불꽃처럼 일어나는 희열
그 때문에 고통을 견딜 수 있었을까?
아니다, 그 기분은 잠깐
블랙홀 같은 공허가 희열을 삼키고
그 상태에서 머물렀다면
영영 알 수 없었으리라
고통의 절정을 견뎌 낸 힘은
숨이 넘어갈 뻔한 고비를 넘기고

태풍의 눈처럼 찾아온 가없는 고요
그 고요한 울림에 귀 기울이면
마음속 가장 깊은 곳에서 우러나와
온몸으로 스며드는 듯한 흐뭇
말할 수 없는 그 느낌이었다
희열은 공허가 따르지만
흐뭇은 뒤끝이 없었다

라이트는 레프트의 라이트에 무너졌다

레프트 레프트, 잽! 잽!
왼손잡이가 잽싸게 잽을 날리자
잽이 별로네, 라며 깐죽대는 오른손잡이
하지만 레프트 레프트, 라이트!
번개처럼 라이트를 날리는 왼손잡이
순간 휘청하더니 펄쩍 뛰는 오른손잡이
곧바로 레프트 레프트, 라이트!
왼손잡이의 강력한 라이트 한 방에
보기 좋게 나가떨어진 오른손잡이
라이트는 레프트의 라이트에 무너졌다
봤지? 레프트라고 레프트만 있는 게 아니야
경기를 지켜보던 누군가 말했다
그럼, 라이트의 한 방은 레프트인가?
누군가의 왼편이 그렇게 중얼거렸다

울면 안 된다고?

남자는 울면 안 된다
그 말은 절대적이어서
번번이 돌아서서 눈물을 훔쳤지만
그럴수록 눈물샘은 마를 날이 없었고
끊임없이 눈물을 억누르는 그 말을
더 이상 용서할 수 없었다
참을 수 없을 만큼 참았지만
마침내 눈물은 샘물처럼 솟구쳤고
그 말은 놀란 나머지 입을 다물었다
이제 눈물은 자유다
어디에도 얽매이지 않고
뜨겁게 뜨겁게 흘러내리고
그 말도 눈물처럼 흘러내린다

소설

말이 채 끝나기도 전에
소설 쓰고 있네, 라고 비아냥거리며
연신 모조품 같은 비웃음을 날리는
그 천치처럼 천진한 얼굴을 보고
똑똑히 말해 주었지
한 번이라도 소설을 써 보고 그런 말을 해!

나는 아직 한 번도
소설보다 더한 소설 같은
말을 하는 사람에게도
소설 쓰고 있네, 라는 말을 한 적이 없다
왜냐하면 그런 말은 결코
소설이 아님을 알기 때문이다

뮤즈 사포

열 번째 뮤즈여
플라톤이 찬미한 시인 사포여
이스탄불 고고학 박물관에서 보았네
그대의 영원을 보았네

그대에게 전하고 싶었네
두 눈을 감는 그날까지
내 가슴에 그대 살아 있으리라
누군가 핀잔을 주겠지
너만 그런 게 아니라고
나만 그런 게 아니란 걸 잘 알아
어쩌면 영원한 뮤즈가
그대의 꿈이 아닐지도 모르지만
그대는 영원을 거부할 수 없으리라

사포여, 정녕 모르는가?
그대의 영원은 그대가 남긴 유산임을
그러므로 사포여
우릴 너무 나무라지 마시라

거짓말

 너는 자꾸만 거짓말을 부풀리고 부풀려 고무풍선처럼 둥실 허공으로 날아오를 것 같구나. 거짓이 들통나면 거짓말로 덧씌우고 남들이 거짓말을 눈치채고 있음에도 너는 거짓의 거짓은 사실인 것처럼 말하니, 어디까지 사실이고 무엇이 거짓인지 너 자신도 헷갈리는 모양이구나. 알 만한 이늘은 너를 별 볼 일 없다고 했지만 너는 그걸 부인하며, 오히려 마치 자신이 주목 받는 인물이라도 되는 것처럼 끊임없이 자작극을 꾸미는 바람에 눈살을 찌푸리면 그것도 자신을 향한 관심 쯤으로 치부해 버리니 치유 불능의 관심 종자이기는 하지만 아무런 쓸모도 없는 종자로구나. 그러니 자기 연민에 빠진 자신을 원망하는 자신을 한탄하는 자신을 혐오하는 자신을 부정하는 자존감 결핍 증후군은 돌이킬 수가 없구나. 심지어 모두 함께 겪은 일도 너에게 불리한 기억은 싹 지워 버리는 놀라운 기억력에 오히려 아전인수로 부풀리니 아서라, 그런다고 너의 열등감이 어디로 가니? 더욱이 너는 이런 사실이 사실은 사실이 아닌 너를 음해하기 위해 남들이 꾸며 낸 거짓말이라고 거짓말을 하는데, 너에게 관심이 없는 남들은 그에 관해서는 아무 말도 하지 않는구나. 이 사실을 모른 채 너의 말만 들은 이들은 너의 말이 사실인 것처럼 말하는구나. 마침내 거짓말이 사실이 되는구나. 너에 대한 무관심이 너의 거짓말을 사실로 만드는 참 이상한 세상이 되는구나.

헌 옷

함께 찬 겨울을 보낸 게 몇 해인지
너는 기억하니?
조금만 추워도 나를 찾던 네가
날 버린다고?
더구나 때아닌 한파가 몰아친 날에
어떻게 그럴 수가 있니?
헌 옷 수거함에 헤질 대로 헤진 걸
버려 보라구, 누가 거들떠보기나 할까
설마 쓰레기 종량제 봉투에 버릴 생각은 아니지?
그럴 바에는 차라리 네 손으로 화장을 해
날 태운 재는 군자란 화분에 뿌려 줘
네가 좋아하는 군자란의 거름이라도 되게
추위가 물러갈 즈음 찬란한 오렌지빛
꽃으로 널 놀라게 하는 그 군자란 말이야
그게 싫으면
네 옷장에 그냥 걸어 두면 안 될까?
네 눈에 안 띄게 가만히 있을게
그것도 싫으면
꼭꼭 접어 구석에 내버려둬도 좋아

네가 낡고 헤진 날 보며 한숨을 쉬거나
수선 가게로 나를 데려갈 때마다
얼마나 속상하고 불안했던가
너는 아마 잘 모를 거야, 그러니
타고 남은 재는 군자란 화분에 뿌려 줘
해마다 추위가 물러갈 즈음
찬란한 오렌지빛으로 찾아와
놀라워하는 너의 두 눈을
꼬옥, 보고 싶어

주머니로 돌아갈 수 있을까?

아이가 주머니에서 손을 빼다가 아뿔싸, 동전이 둑길에 떨어져 또르르 저수지로 굴러떨어졌어. 어머, 오백 원짜리잖아! 아이와 함께 걷던 여자아이가 외쳤지. 그까짓 거 괜찮아, 라고 아이는 말했지만 괜찮은 표정이 아니었어.

저수지 물속은 꿈나라가 아닐까. 나날이 꿈꾸는 듯. 가끔 물고기들이 낚시꾼이 던진 미끼와 씨름을 할 때, 무더운 날 아이들이 첨벙 물속으로 뛰어들 때면 꿈에서 깬 듯싶었어. 꽁꽁 얼어붙은 날이면 기억마저 얼어붙는 느낌에 동전은 새삼 포근한 주머니 속이 얼마나 그리웠던가.

어느 해, 지독한 가뭄으로 저수지 물이 완전히 마르고 바닥이 드러났지. 많은 사람들이 구경을 하려고 몰려들었지만 아무도 동전을 알아보지 못했어. 그까짓 거라 그런가? 그래도 백 원짜리가 아닌데 참 이상한 구경꾼들 아닌가.

아무리 살펴봐도 동전을 잃은 아이는 보이지 않았어. 저수지에 빠진 게 그 애 탓이라며 원망했는데 왜 이렇게 그리울까? 잔뜩 녹이 슨 동전은 버려진 쇠붙이처럼 보였지만 그런 모습을 상상도 못했지.

쩍쩍 갈라진 저수지 바닥에 녹슨 동전 하나가 그렇게 하염없이 기다렸어. 그 애가 올까? 그까짓 걸 기억할까? 그날따라 쏟아지는 햇볕이 얼마나 뜨거운지 속이 상한 동전은 더욱 붉어졌지. 아, 열받아! 언제 주머니로 돌아갈 수 있을까?

아야 소피아 성당

성스러운 지혜
그리스도의 대성당
한때는 이슬람의 모스크
비잔틴 건축의 절정인
세상의 아야 소피아
그곳 바닥에는
그리스어로 배꼽을 의미하며
세상의 중심을 상징하는 옴팔리온이
원형 대리석으로 장식돼 있었네
그런데, 웬일인지
옴팔리온 앞에 섰을 때
가슴속 저 깊은 곳으로부터
무엇인가, 마그마처럼 끓어오르며
바로 눈앞에 보면서도
뇌리에 인화되지 않는 빛깔과 사물들
이 주체할 수 없는 감정은 뭘까?
세상에 수많은 이들이 찾아와
경외하고
뉘우치고

감탄하고

탄식하며

가슴이 절로 벅차오르는 까닭은

비단 아야 소피아의 웅장함이나

그 화려함 때문만은 아니리라

일천 육백 수십여 년 굴곡진 성스러운 지혜의 세월

잊을 수 없는 그 회한 탓인가?

막상 눈앞에선 신기루처럼 보이다가

시간이 지날수록 또렷해지는

아아, 아야 소피아여

마치 성스러운 지혜인 양

아야 소피아에 드리운 붉은 노을빛

붉어진 내면의 소리 때문인가

깨달음처럼 눈물이 빛나며

차마 그곳을 떠나지 못하네

시리아 난민

이스탄불의 그랜드 바자르
노점에서 산 석류주스를 마시다
젊은 여자와 눈이 마주쳤다
공허한 눈빛에 가득한 간절함
여자의 등에 업힌 어린애는
눈물과 콧물이 범벅인 채 잠들었고
새콤 달달한 석류주스가 목에 걸렸다
지갑에서 손에 잡히는 대로 서둘러
지폐를 꺼내 여자의 손에 쥐어 주고
반짝이는 여자의 눈길을 피해
석류주스를 한 모금 마셨는데
그만 얼굴을 찌푸리고 말았다
나를 바라보던 공허한 눈빛 때문일까?
여자는 시리아 난민이란다
나는 애써 미소를 지어 보였는데
저 눈빛은 언제 다시 간절해질까

별 볼 일

저 별보다 더 멀리 떠난 너
네 기억의 빛마저 가물가물해지면
너, 너의 별 볼 일이 있을까?

별을 볼 일이 없으면
별 볼 일 없는 삶 아닌가!

해설

말처럼 자유롭게 달리는 말
— 이하루 시집에 부쳐

박덕규(시인, 문학평론가)

이하루의 두 번째 시집 〈어둠은 둥글게 빛나고〉가 나오고 있다. 첫 시집 〈내 술래가 되어줄래?〉는 2022년 4월 발행이다. 그 시집이 준비되던 때는 코로나 팬데믹이 다 걷히기 전이다. 혼돈의 시간을 미처 다 건너지 못한 상황이었다.

> 거친 바람이 내내 나비를 쫓아다녔다
> 우아한 날개를 다친 나비는 강바람에 실려 가고
> 왜바람은 오랫동안 울었다
> 나비는 어디로 갔을까?
>
> ─ 〈나비는 어디로 갔을까?〉 전문

이를테면 코로나 팬데믹 시절 인간은 '날개를 다친 나비'였으며, 스스로 어디로 날고 있는지 알지 못하는 상황이었다. 깊은 상처를 받았는데 그 마지막을 짐작할 수 없는 불안이 그대로 잠복되어 있었다. 그렇다고 이하루의 첫 시집을 모두 코로나 팬데믹과 직접적인 관련이 있는 시들로 채웠다는 뜻은 물론 아니다. 그러나 대개는 '내 몸 여기저기에 남아 있는 네 그림자'(〈내 술래가 되어줄래?〉)나 '내 마음의 문을 여는 비밀번호를 잊어버렸다는 고백'(〈변명은 사양하고 싶어〉)

에서 보듯 불분명하고 불투명한 내면을 드러내는 게 자연스러웠다. 표현상으로는 "그 길은 누구의 꿈이었을까?"(〈꿈〉), "내 눈길을 피할까"(〈눈길〉), "그런 나를 지켜보는 나도 그럴까?"(〈나는 모른다고 한다〉), "아무리 생각해 봐도 여전히 모르겠고"(〈여전히 모르겠고〉) 등의 의문이 줄을 이었다. 이런 의문형은 이하루 스스로의 인생 자체에 대한 의문 해소 과정일 수도 있고, "몇 해 전 어느 날 노을처럼 시가 나에게 왔다"(첫 시집 '시집을 내며'에서)의 연장선에서 자기 시의 방향성에 대한 생각을 질문 형식으로 드러낸 것이라 할 수도 있다. 또는 대학 시절 철학을 전공한 사람답게 인생의 비밀을 풀려는 형이상학적 논리를 익숙하게 펼친 거라 할 수도 있다. 어떻든 첫 시집은 불안하고 혼란한 삶의 상황에 직면한 내적 심리를 그 자체로 드러내는 언어들이 주를 이루었다고 할 수 있다.

3년여 만에 내는 이번 두 번째 시집은 어떤가? 전체를 두고 보면 "기다리며 기다리는/그건 대체 뭘까?"(〈무엇인가!〉), "가슴 한편 일렁이는 이건 대체 무얼까?"(〈가슴 한편 일렁이는 이건 무얼까?〉) 등으로 대상의 본질을 묻는 의문형이 여전하다. 또는 코로나 팬데믹 시절의 불안과 공포에 대한 감정을 직접 드러낸 시도 꽤 있다.

누군가 줄곧 따라오고 있었어

슬쩍 뒤돌아보니 낯선 누군가

고개를 돌리며 마스크로 얼굴을 가렸지

에스컬레이트를 놔두고

지하철 계단을 뛰어내렸지만

마스크가 재빠르게 따라왔어

전동차에 탔는데 저만치

얼굴을 감춘 마스크가 보였어

마침 건너편으로 들어오는 전동차에

잽싸게 갈아탔지만

마스크도 재빠르게 갈아탔지

마스크를 노려보았어

그의 뒤통수도 따가울까?

신도시로 가는 전철로 환승했지만

여전히 얼굴을 감춘 마스크가 따라왔어

전철역에서 나와 냅다 뛰었지

어둠 속으로 달리고 달리다

가로등 아래에 털썩 주저앉아

휴우, 가쁜 숨을 몰아쉬는데

오, 나의 마스크여!

뒤통수를 때리는 소리에 돌아보았지

아, 마스크와 시선이 마주쳤어

언젠가 한 번 본 듯한

어디론가 떠나 버린 그 눈빛이

아닌가? 어느새 저만치 달아난
마스크를 눈빛이 쫓고 있었지
꿈결처럼
　　　　　　ㅡ〈마스크 -코로나 팬데믹 시절〉 전문

 이 시는 코로나 팬데믹 시절의 일상을 그리고 있다. 모두가 마스크를 써서 서로를 분간하기 어려운 상황이다. "얼굴을 감춘 마스크"이다 보니 그 얼굴이 그 얼굴 같아서 때로는 같은 사람한테 계속 추격을 당하는 느낌마저 받는다. 일부러 전철을 바꿔 타 보고 냅다 뛰어가기도 해서 그 추격을 따돌려 보려 하지만 그것마저 여의치 않은 것만 같다. 그런데 정작 그 마스크 맨과 시선이 마주치고 보니 "언젠가 한 번 본 듯한/어디론가 떠나 버린 그 눈빛"이다. 그렇게 되니 이젠 도리어 그 눈빛을 '내 쪽에서' 쫓는 상황이 연출된다. 이런 상황이란, 코로나 팬데믹 시절 누구나 마스크를 쓰고 다닐 때라 하더라도 실제로 발생하기 힘든 극적 정황이라고 할 수 있다. 말하자면 실제는 일어나지는 않지만 그럴 수도 있다는 가상적 현실의 시라 하겠다. 그게 현실로 비칠 만큼, 코로나 팬데믹은 우리 일상을 비일상적이고 비상식적인 혼돈으로 뒤흔들어 놓았다. 평범하고 일반적인 상황과는 전혀 상반되는 일을 발생시켜서 우리를 극한 공포로 몰아넣었다. 실제로 많은 사람들이 희생되기도 했다.

이번 시집을 이름 붙이면 이른바 '코로나 팬데믹, 그 이후'쯤 되겠다. 전체 4부로 나뉜 이 시집의 제1부 시들이 특히 그러하다.

> 무슨 말을 했길래 어제는
> 얼룩투성이가 되었을까
> 무슨 생각을 했길래 아직도
> 어제의 냄새가 날까
> 할 수만 있다면 바로
> 어제를 세탁하고 싶었다
> ─〈어제를 세탁하고 싶었다〉에서

코로나 팬데믹의 후유증은 깊었다. 그것은 지워도 지워도 지워지지 않는 얼룩투성이 같았다. 이 시는 그런 후유증을 직접 그리고 있는 것은 아니다. 그러나 우리에게 엄청난 공포를 몰고 온 코로나처럼 누구에게나 헤어나기 힘든 상처가 있을 것이다. 그건 '세탁해야만 하는 얼룩투성이'이지만 그게 마음대로 되지 않는다. 그래야 하는데, 그리고 그게 그리 어려운 것도 아닌데 정작 하려고 들면 마음대로 되지 않은 상황처럼 괴로운 일이 또 어디 있겠는가.

> 다행히 미치기 직전에 집으로 돌아왔지만
> 아무리 기다려도 나는 돌아오지 않았다
> ─〈나를 데리고 나들이를 갔었다〉에서

"지루해서 미치겠"고 "짜증 때문에 미칠 노릇이었는데/다행히 미치기 직전에 집으로 돌아왔지만" '나는 집에 돌아오지 않았다'는 이 어불성설! 이번 시집 1부에는 이런 '참담한 아이러니'가 차지한다. 확대해서 말하자면 코로나 팬데믹 시절의 우울한 내면을 기반으로 그 이후 채 가시지 않은 불안한 정서적 상태를 반영한 것이라 할 수 있다.

이번 시집의 많은 시편들은 스스로 찾고 가리는 언어 자체를 문제 삼은 시들이 주류를 이루고 있는 듯 보인다. 그 언어들은 대개 그 자체의 기호적 의미 이전에 말의 소리와 형태가 조합하면서 새로운 이미지를 창출해 보이는 듯하다.

> 너라는 말
> 노크도 없이, 쓰윽
> 내 마음의 문을 열었네
>
> 너라는 말

생각도 없이, 불쑥
내 마음으로 들어왔네

너라는 말
언제부터인가
네 말이 내 말이라 하네

— 〈너라는 말〉 전문

언어는 그것이 지시하는 의미(기의記意)와 그것을 드러내는 형태(기표記表)로 완성된 '기호記號'다. 그런데 이하루의 시의 언어들은 자주 '기의'가 삭제되고 '기표'만으로서의 지위에 도달해 있다. 이 시에서 '노크도 없이 생각도 없이 내 의식 안으로 들어와 내 말을 자기 말로 바꾸는 남의 말'이란 게 바로 그 예다. 기의를 버리는 기표만의 언어가 활개를 친다는 얘기다. 그 언어가 '어떤 말'인지는 알 수 없다. 왜냐하면 그것은 기의 없는 기표만의 것이기 때문이다.

어떤 말을 찾아
종일 헤매고 다녔다
어떤 말이 어떤 것인지도 모른 채
헤매고 다니다
왜 헤매고 다닐까

나에게 물었지만
나는 모르겠다고 말했다
지쳐서 집으로 돌아왔는데
텅 빈 방 한구석에
어떤 말이 쓰러져 있었지만
어떤 말도 할 수가 없었다
　　　　　　　　　　—〈어떤 말·1〉 전문

날이 저물고 눈발이 거세다
머릿속 가장 으슥한 구석으로
은밀히 어떤 말을 유인한다
그리고 갈고 갈아
시퍼렇게 날 선 말이
어떤 말의 급소를 찔렀다
어떤 말이 말없이 스러지며
눈보라 속으로 사라진다
사라진 어떤 말!
어떤 말이었을까?
　　　　　　　　　　—〈어떤 말·2〉 전문

　종일 찾아 헤맨 '어떤 말'이 알고 보니 집의 '텅 빈 방 한구석에 쓰러져 있었지만' 그 말이 정작 무엇인지는 알 수 없다. 그 '어떤 말'을 드디어 찾아내 '은밀한 구석으로 유인해 급소를 찔러 사라지게 했지만' 그

'사라진 어떤 말'이 과연 '어떤 말'인지 또한 알 수 없다. 이처럼 이하루의 시에서 많은 대상어는 기호는 있지만 그 기의는 사라지고 그 기표만으로 살아 있게 한다. 이는 일종의 기호놀이 즉 말놀이다.

장 보드리야르Jean Baudrillard는 현대사회에서는 시니피에(기의)가 점차 사라지고, 기호들이 서로 다른 기호를 참조하며 자율적으로 '놀이'를 하게 된다는 '시뮬라시옹 이론'을 펼치면서 그 놀이의 기호 체계를 '시뮬라크르'라 불렀다. 기호가 현실을 지시하지 않고 자기 자신만을 참조하는 자율적인 체계의 대표적인 예는 '의미 없는 표현'을 반복하는 광고 언어나 디지털 미디어의 기호들이다. 포스트모던 예술은 이런 기호놀이로 '활개 치는 방식'이라 하겠으니 이하루의 시들이 상당 부분 이를 표방한다. 이하루의 시는 '말처럼 자유롭게 달리는 말'(《그 말들로부터 자유로워질 수 있을까》)을 노래하고 놀이한다.

이번 시집에서 또 하나 눈에 띄는 특징은 사물에 대한 반응을 이미지화한 시들이 주류를 이루고 있다는 점이다.

해 뜨기 전 강기슭에 이파리가 무성한 나무 한 그루 흐릿한데, 먹물 같은 어둠이 얼마나 깊은지 아니면 얼마나 엷은지 그 내밀한 농도에 따라 강물과 나무와 이파리가 저마다 자신을 드러내는 풍경은 그대로 한 폭의 수묵화가 되었다.

그런데, 어느 순간 강물에서 희뿌연 물안개가 피어올라 스멀스멀 나무줄기를 타고 오르더니 슬며시 이파리로 스며들었다. 마치 강물의 정령인 것처럼.

바로 그때였다. 파르르, 이파리가 떨리며 화폭이 흔들린 순간은.

―〈물안개〉전문

이 시에서 화자는 해 뜨기 전 강기슭에 나와 있다. 강기슭은 강물과 나무와 나무 이파리가 먹물 같은 어둠 속에서 형상을 드러내고 있다. 그건 마치 한 폭의 수묵화 같은 풍광이다. 화자는 거기에 충분히 동화되어 있다. "그런데, 어느 순간" 그 강에서 물안개가 피어나 나무줄기를 감싸기 시작했다. 그러더니 그 물안개가 나무 이파리까지 스며들었다. 그때 화자는 그 물안개의 힘에 조응하듯 나무 이파리가 파르르 떠는 모양을 보게 된다. 그 떨림은 곧 강물과 나무와 나무 이파리가 이룬 수묵화 화폭 자체가 떨리는 것과 같은 형세다. 이 시는 새벽 강기슭에 피어나는 안개 속에서 그곳의 자연이 어떻게 그것과 조응하는가를 보여주는, 말 그대로 '그림 같은 장면'이 아닐 수 없다.

　이하루의 시들은 대상이 숨겨놓은 이런 움직임에 "절로 가슴이 벌렁벌렁"(〈고요〉) 놀라고 그걸 언어로 표현하려 한다. "저 호수에 빠진 하늘처럼/가을 속으로 빠지고 싶어"하는 마음을 표현한 끝에 "늦여름에 가출한 파아란 기억들/붉은 단풍잎 사이 반짝, 사이/반짝이며 가을을 타고 있었네"라는 구절을 얻었다고 고백하기도 했다(〈이 가을에〉). 더운 날 산행을 하다 만난 계곡물에서 구름 한 점을 발견하고 그것에서 오아시스의 어린 낙타의 눈빛을 읽어내기도 한다(〈계곡물〉). "목련꽃 떨어지던 깊은 밤/어둠 속으로 떠난 이"를 '하얗게' 떠올리기도 한다(〈목련꽃〉).

　유난히 불뚝 도드라져 꿈틀거리는 듯한 핏줄처럼, 붓질이 거칠게 휘몰아치는 질감의 유화처럼, 금방 발화發火할 것 같은 눈빛으로 살아온 탓일까.

　이제 가이없는 명상에 잠긴 듯한 봄날의 빛깔처럼, 그 빛이 기도하듯 가슴으로 스며드는 듯한 그런 수채화 같은 삶을 꿈꾼다.

언제까지 불처럼 타오를 수만은 없지 않는가. 차츰 물처럼 흐르다 스며들 만한 곳을 찾아 스며들어야 하지 않겠는가.

― 〈수채화〉 전문

일찍이 동양에서는 자연을 본받고 자연의 순리대로 사는 것을 삶의 큰 덕목으로 삼았다. 자연 중에서 인간만이 그 자연을 주체적으로 운위할 수 있다고 자부하지만 인간의 삶은 실은 자연과 분리될 수 없다. 그뿐 아니라 인간은 자연을 결코 이길 수 없다. 인위적 개입을 최소화하고 자연과 인간, 자연과 자연이 상호의존적인 하나의 세계를 이루는 것, 이것이 동양적 자연관 핵심이었다. 이하루의 여러 편의 시는 이 연장선에서 읽힌다.

위 시에서 "불뚝 도드라져 꿈틀거리는 듯한 핏줄", "금방 발화할 것 같은 눈빛"이란 인위적인 것에 길들지 않은 모양새를 의미한다. 그것은 스스로 그렇게 "언제까지 불처럼 타오를 수만은 없"다는 사실을 아는 자의 태도다. 그로써 "차츰 물처럼 흐르다 스며들 만한 곳을 찾아 스며들어야 하지 않겠는가."에서 보듯 마치 '물처럼 살아라[上善若水]'의 도교의 가르침 같은, '자연으로 스며들기'라는 자연적 세계관에 가 닿는다.

이하루의 이번 시집 〈어둠은 둥글게 빛나고〉의 시들은 '코로나 팬데믹, 그 이후'의 불안한 내면을 조금씩 걷어내면서 당초 품고 있던 언어와 대상에 대한 해석을 새롭게 감행한다. 언어 자체가 가지는 자유로운 성향을 '말놀이'로 '유희하는' 시편들은 그 해석의 도드라진 방법론이다. 또한 생명 있는 자로서 존재의 한계를 인식하면서 그 한계를 상상적으로 극복하는 과정을 자연에 귀의하는 태도로 드러내기도 한다. 이하루의 시는 이를테면 현실이 드러낸 가치에 대해 의문을 드러내면서 그로부터 자유로운 이상의 세계를 추구하는 '꿈꾸는 여행자'(〈꿈꾸는 여행자〉)로서의 시라 할 수 있다.

어둠은 둥글게 빛나고
이하루 시집

―

2025년 6월 15일 1판 1쇄 발행

지은이 | 이하루
펴낸이 | 홍영철
펴낸곳 | 홍영사
주소 | 03150 서울시 종로구 우정국로 45-11, 4층 (수송동, 동산빌딩)
전화 | (02) 736-1218
이메일 | hongyocu@hanmail.net
등록번호 | 제300-2004-135호

ⓒ 이하루, 2025
ISBN 978-89-92700-36-8 (03810)
값 12,000원

· 이 책은 저작권법의 보호를 받는 저작물이므로 무단 전제와
  무단 복제를 금합니다.
· 잘못된 책은 구입처에서 바꾸어 드립니다.